인지발달과 학습향상을 위한

인지재활 Workbook 시리즈

전 문 가 용

시각적 주의력 향상편

1-1

(사용대상: 유아)

박 소 진

김 익 수

손 금 옥

박영story

인지재활 워크북(Workbook) 시리즈를 내며

인지행동심리를 기반으로 인지재활치료 전문가를 양성해온 지가 벌써 10년이란 세월이 흘렀다. 10여 년의 시간 동안 교육해오면서 인지재활치료 개론서의 필요성을 느꼈고, 이에 2019년에 '인지발달과 학습향상을 위한 인지상담의 이해와 실제'라는 책을 출간하였는데, 이 분야에서 최초의 인지재활 개론서라고 자부한다. 그러나 인지재활치료는 지속적으로 치료 서비스를 제공하여왔음에도 아동들의 특성에 맞는 개별 자료를 구하기가 쉽지 않았기에 늘 마음 한편에 부담으로 작용하였고 부족하나마 자료집을 출간하게 되었다.

또한, 실제 치료현장에서 접목할 수 있는 워크북에 대한 요구도 끊임없이 있어 온 터라 현장 전문가들이 쉽고 편리하게 사용할 수 있는 워크북 및 자료집을 순차적으로 발행하기로 뜻을 모았다. 워크북은 전문가용과 유아용으로 나뉘어서 인지재활이 필요한 유아들이 재미있게 활용할 수 있도록 실용적으로 만들려고 노력하였다.

워크북은 기초인지인 주의와 기억력부터 시작하여, 보다 상위 인지를 요구하는 문제해결 등까지 순차적으로 개발될 것이고 이것을 활용하는 방안은 유튜브나 비대면 화상교육 등을 연계하여 초보 인지치료사들이 본 워크북을 사용하는 데 최적화될 수 있도록 할 예정이다. 또한, 상호 간 소통을 통해 지속적으로 워크북을 수정·보완해 나갈 계획을 가지고 있다.

많은 생각들이 오가지만 급할수록 돌아가라는 말대로 하나하나 시작해 보려고 한다. 인지재활치료에 대해 생소한 많은 분들 또는 새롭게 이 분야에 관심을 갖는 많은 분들에게 작은 도움이라도 되기를 바라 본다.

2023. 8월 저자 일동

인지재활의 개념 및 필요성

인지란?

인지(cogniton)는 사전적으로는 '어떤 사실을 인정해서 아는 것'을 의미하며 심리학에서는 '자극을 받아들이고, 저장하고, 인출하는 일련의 정신과정, 즉 인식(認識)'을 의미한다. 이런 의미에서 규칙을 이해하고 단어를 기억하거나 시간에 맞춰 약속장소로 이동하는 등 인지는 학습은 물론 일상생활의 대부분과 관련 있다고 할 수 있다. 따라서 인지를 개발하고 발달시키는 것은 학업적, 정서적, 사회 적응 등에서 문제나 어려움을 겪는 사람에게는 중요한 과업이라 할 수 있다(박소진, 손금옥, 김익수, 2019).[1]

인지재활상담이란?

이러한 인지의 개념과 그 중요성에 기초하여 인지상담을 간략하게 소개하자면 인지상담은 '인지를 개발하고 발달시키기 위한 인지, 행동, 학습이론에 근거한 치료'라고 할 수 있다. 인지상담의 대상이 되는 인지의 주요 영역은 지각, 형태 재인, 주의, 기억, 추론, 문제해결, 창조 등의 정신 활동으로 인지상담은 이러한 인지 영역 중 결함이 있거나 발달이 필요한 영역을 대상으로 치료 목표와 계획을 수립하여 직접적인 지도와 반복 훈련을 통해 인지를 개발 발달시키고자 하는 치료 기법이라 할 수 있다. 이러한 인지상담이 필요한 대상은 지적장애, 자폐스펙트럼장애, 주의력결핍과잉행동장애(ADHD), 학습장애, 우울이나 불안 등으로 인해 부적응 상태에 있는 아동과 청소년은 물론 대인관계에 어려움을 겪거나 문제해결 능력이 떨어지는 성인이나 노인도 그 대상이 될 수 있다.[2]

주의

주의(attention)는 아주 간단히 설명하면 '선택적으로 집중할 수 있는 능력'을 말하는 것으로 인지의 가장 기본적이면서 중요한 영역이라 할 수 있다. 이 주의력에 문제가 있다면 이후 인지발달과 학습향상에 지속적인 어려움을 겪을 것이다.

---

1) 박소진 · 손금옥 · 김익수(2019), 인지상담의 이해와 실제, 박영스토리.
2) 박소진 · 손금옥 · 김익수(2019), 위의 책.

이 주의에는 (1) 짧은 시간 주의를 기울이는 능력, (2) 주의를 유지하는 능력, (3) 주의를 전환하는 능력이 중요하다. 그 외에도 주의는 불안과 우울과 같은 정서적인 측면에 영향을 받기도 한다. 그러나 본서에서는 정서적인 영향력보다는 위의 3가지 측면에 집중하여 주의력을 향상시키는 데 집중하고자 한다.

시지각

지각은 환경 속에 존재하는 자극들을 인식하는 과정을 말하며 그중 인간은 시지각을 통해 가장 많은 정보를 받아들이는 것으로 알려져 있다.

시지각은 시각기관을 통해 외부환경자극을 인지하는 감지능력과 함께 내적인 두뇌작용으로 이루어지는 시각자극의 해석능력을 의미한다.[3] 시각 결함이 있는 경우 색칠하기, 가위로 오리기·붙이기, 글을 쓰고 읽기, 친구와 어울리기 등 다양한 활동에서 어려움이 따를 수 있다.

선행 조건

주의력이 가장 기초적인 인지적 능력이지만, 이런 주의력 이전에 선행되어야 할 기본적인 조건이 있다. 학습을 받아들일 준비가 되어 있는가의 여부이다.

① 착석이 가능한가의 여부
② 눈맞춤이 잘 되는지 여부
③ 자신의 이름에 반응하고 대답하는가의 여부
④ 간단한 지시 따르기가 가능한가의 여부

위의 4가지가 잘 되지 않는 아이라면 이 부분부터 시작하는 것이 좋다. 착석조차 되지 않는 아이와 의미 있는 여타의 활동을 한다는 것은 매우 어려울뿐더러 실질적인 효과를 보기 어렵기 때문에 시간이 걸리더라도 이 부분에 대한 교육을 실시한 후(유아가 선생님이 요구하는 것에 반응할 때 적당히 강화를 제공함으로써 선생님이 원하는 방향으로 행동을 이끌 수 있음), 충분히 유아가 준비가 되었다고 생각될 때 그 다음 단계로 넘어가는 것이 좋다.

또한, 연령이 어리고 지적 발달 수준이 낮은 유아의 경우 유아의 수준에 맞는 방법을 고안하는 것이 좋고 유아에게 인지학습전략이 지루하고 재미없는 것으로 인식되지 않도록 다양한 놀잇감을 함께 제시하는 것이 필요하다.

---

3) 어은경(2010), 난화기법이 초등1학년 아동의 시지각에 미치는 효과, 영남대학교 환경보건대학원.

부드럽게 시작하기(친밀감 형성하기)

유아와 인지학습전략(시각적 주의력 향상)을 실시하기 전에 유아와 충분히 친밀감을 형성하는 것이 필요하다. 그러기 위해서는 유아가 좋아하는 노래나 율동을 하면서 유아와 친해지는 것도 하나의 방법이며 노래를 통해 흥미를 유발할 뿐 아니라 청각적 주의력 향상을 도모할 수 있다.

예를 들어 시작할 때 '안녕 안녕 안녕하세요 ~'라는 노래를 불러주고 자연스럽게 치료시간이 시작됨을 알리고 서로 인사를 나누며 가볍게 스킨십을 함으로써 친밀감을 유도할 수 있다.

인지재활치료를 위한 워크북(Workbook) 개발 및 활용

인지재활치료의 의미와 중요성에도 불구하고 인지상담 현장에서 바로 적용할 수 있는 워크북이 생각만큼 많지 않았고 이에 본 한국인지행동심리학회(www.kicp.kr)에서는 '주의집중'을 시작으로 인지의 주요 영역을 대상으로 워크북을 집필할 예정이며, '주의집중' 영역은 다시 청각적 주의집중과 시각적 주의집중으로 구분하였고 각각의 주의집중 시리즈도 인지의 발달 단계나 연령 등을 고려하여 단계적으로 개발될 예정이다.

이번 Workbook은 시각적 주의집중력 향상을 위한 워크북 시리즈 중 5~6세 수준의 발달 연령에 추천하기에 적합하다. 워크북은 개별 활동에 관한 간단한 설명 및 활용 방법에 대한 소개(전문가용)와 함께 현장에서 바로 사용할 수 있는 워크북(유아용)으로 구성되어 있다. 본 교재를 통한 인지상담에 어느 정도 익숙해지면 본 교재의 <응용 활동>의 안내 내용을 참고하여 워크북을 재구성하여 사용할 수 있도록 하였다.

차례

다음의 활동은 워크북을 사용하기 전에 할 수 있는 활동으로서, 유아들의 흥미와 재미를 이끌고 과제 참여도를 높일 수 있습니다.

활동 소개

기억력 게임 카드를 책상 위에 놓고 유아가 그림을 기억하도록 하는 활동입니다. 이러한 기억과제는 주의력 향상에도 도움이 됩니다.

활동 방법

① 기억력 게임 카드 4장을 책상 위에 놓고 유아가 4장의 그림을 기억하도록 시간을 줍니다.

② 이후 눈을 감게 한 후 그림 중 하나를 제거하고 어떤 그림이 사라졌는지 말하도록 하거나 보기의 그림 몇 개 중 사라진 그림이 무엇인지 기억하도록 합니다. 여러 번 연습한 후 수행에 어려움이 없으면 다음 단계로 넘어갑니다.

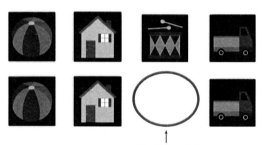

사라진 그림

③ 다음 단계에서는 같은 그림의 쌍을 여러 개(2*4, 2*8, 2*16 순으로) 책상 위에 올려놓고 서로 같은 그림을 찾도록 합니다.

④ 마지막 단계에서는 앞서 단계에서 사용했던 카드를 책상 위에 뒤집어 놓은 채 순서대로 두 개씩 뒤집어 같은 그림이 나오면 그림을 뒤집은 사람이 갖도록 합니다.

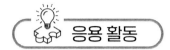

응용 활동

✔ 유아의 수준에 따라 다양한 보드게임을 통해 보다 쉽게 참여를 이끌고 주의력을 향상시킬 수 있습니다.

✔ 집중력 향상에 도움이 되는 보드게임에는 기억게임(사람, 사물, 동물) 외 치킨차차 등이 있습니다.

활동 소개

유아가 편안하고 손쉽게 조작할 수 있도록 천, 목재, 종이 등 다양한 소재의 퍼즐을 사용합니다. 2~4조각 정도로 구성된 퍼즐을 보기의 그림을 보며 맞춰보는 활동입니다.

활동 방법

① 먼저 보기의 그림과 함께 완성된 퍼즐을 유아에게 보여줍니다.

* 다양한 퍼즐의 예

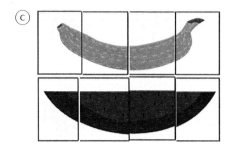

ⓐ 나무토막에 과일 모양을 한 조각 끼워 맞추도록 하는 퍼즐

ⓑ 나무토막에 과일 모양 두 조각을 끼워 맞추도록 하는 퍼즐

ⓒ 과일 모양을 4등분한 퍼즐(가로로 맞추기)

ⓓ 과일 모양을 4등분한 퍼즐

→ 손 조작이나 인지기능이 낮은 경우 충분히 연습을 하도록 함

② 전체 퍼즐 중 한 개의 조각만 제거한 후 유아가 스스로 맞추어 보도록 합니다.

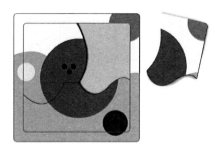

③ 각을 달리하며 여러 번 반복한 다음 점차 맞춰야 할 조각의 수를 늘려갑니다.

응용 활동

✓ 유아의 수준에 따라 8조각 이상의 퍼즐을 활용할 수도 있습니다.

✓ 유아가 퍼즐 맞추기를 잘 수행할 경우 두 개의 퍼즐을 동시에 맞추는 활동에 도전해봐도 좋습니다.

01 찾기_서로 같은 그림

활동 소개

그림 중 서로 똑같은 그림을 한 쌍 또는 여러 쌍을 찾는 활동입니다.

활동 방법

① 4개 중 한 쌍의 같은 그림이 있는 그림 자료를 먼저 제시한 후 같은 그림을 찾아보도록 합니다.

② 과제에 익숙해지면 8쌍의 다소 복잡한 그림을 과제로 제시합니다.

③ 유아 혼자서 같은 그림의 쌍을 찾도록 하거나, 선생님이 그림을 가리키면 똑같은 그림을 찾는 방식으로 진행합니다.

④ 시간제한을 설정하여 일정한 시간 안에 과제를 해결하게 할 수도 있습니다.

응용 활동

✓ 유아의 수준에 따라 그림 자극의 수를 늘릴 수 있습니다.

✓ 찾아야 할 같은 그림의 쌍이 두 개 이상 포함된 자료를 활용하여 시각적 주의집중 능력 향상을 기대할 수 있습니다.

✓ 동물이나 과일 그림의 경우, 같은 동물이라도 그 숫자(양)를 다르게 하는 방식으로 난이도를 조정해도 좋습니다.

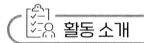 활동 소개

3개 또는 4개의 그림 중 사라진 그림을 찾거나 그림에 대해 설명해 보는 활동입니다.

활동 방법

① 3개 또는 4개로 구성된 일련의 그림 세트를 책상 위에 제시한 후 살펴보도록 합니다.

② 유아에게 눈을 감으라고 한 후 그림 세트의 배열을 바꾸며 그림 카드 하나를 뒤집어 놓습니다.

③ 사라진 그림이 무엇인지 말로 설명해보게 합니다.

④ 위의 과제 수행이 어려운 유아의 경우, 다시 눈을 감게 한 후 원래의 그림 카드를 배열을 달리하여 보여준 후 사라진 그림이 무엇이었는지 가리키도록 합니다.

응용 활동

✓ 그림 카드 대신 컴퓨터를 활용하여(예: PPT) 프로그램을 진행할 수 있습니다.

✓ 유아가 이 활동에 익숙해지면 찾아야 할 대상의 수를 늘리거나 전체 제시하는 그림의 수를 늘려갈 수 있습니다.

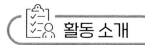

03 찾기_나머지 짝

활동 소개

그림의 일부가 지워진 상황에서 나머지 그림의 조각을 찾아보는 활동입니다.

활동 방법

① 대상의 일부가 지워진 그림과 일부 조각이 각각 왼쪽과 오른쪽에 제시된 활동지를 보여줍니다.
② 왼쪽의 그림을 보고 그 대상이 무엇인지 유아에게 물어봅니다.
③ (대상이 무엇인지 모르면 알려준 후) 대상의 특징을 잘 생각해보며 해당 그림의 나머지 조각을 오른쪽 보기에서 찾아보도록 합니다.
④ 유아가 과제를 수행하면 나머지 조각이 포함된 완성된 그림을 별도의 활동지나 사진 등을 통해 보여줍니다.

응용 활동

✓ 동물의 꼬리나 귀 등을 보여준 후 해당 동물이 무엇인지 물어보는 활동을 해도 좋습니다.
✓ 여러 장의 완성된 퍼즐에서 각각 하나의 조각을 제거한 후, 유아에게 나머지 퍼즐 조각으로 퍼즐을 완성해 보도록 하는 활동을 진행해도 좋습니다.

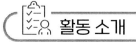

활동 소개

동그라미, 네모, 세모 등의 모양과 동물 그림으로 된 영역에 색을 칠해보는 활동입니다.

활동 방법

① 모양이나 동물 그림 안에 있는 영역에 색을 칠하기에 앞서 손가락으로 문질러보거나 마른 붓 등으로 칠해보게 하는 등 유아가 활동에 익숙해질 수 있도록 합니다.
② 과제를 제시한 후 색을 칠하는 영역이 점점 커지는 순서로, 색연필을 이용하여 색을 칠하도록 합니다.
③ 색칠하기 과정에서 유아가 영역 안에 색칠하는 것을 어려워하는 경우 적절한 소재로 경계를 만들어 색연필이 선 밖으로 나가지 않도록 도와줍니다.

응용 활동

✓ 색칠하기 대신 스티커 붙이기나 도장 찍기 등의 활동으로 바꿔 진행해도 좋습니다.
✓ 색연필을 쥐기 어려워하는 유아는 조금 더 굵기가 굵은 크레파스나 보조기를 사용해도 좋습니다.

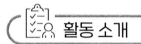

09 색칠_같은 그림

활동 소개

보기에 제시된 모양, 과일, 동물 그림 중 선생님이 지정한 특정 대상만 선별하여 색칠하는 활동입니다.

활동 방법

① 먼저 각각의 활동지에 <보기>로 제시된 모양(네모, 기다란 네모, 동그라미, 세모 등), 과일(포도, 바나나, 사과, 딸기), 동물(강아지, 호랑이, 코뿔소, 하마)의 이름을 유아가 알고 있는지 확인합니다. 이름을 모를 경우, 색칠해야 할 대상을 손으로 가리킵니다.
② 특정 대상의 이름을 부르거나 가리킨 후 활동지 안에서 모두 찾아 색칠해 보도록 합니다.

응용 활동

✔ 이와 비슷한 활동에서 색칠해야 할 대상을 두 개 이상으로 한다거나 특정 대상에 따라 색을 지정하는 방식 등으로 활동의 난이도를 조정할 수 있습니다.
✔ 유아가 10 이하의 수를 안다면, 선생님이 제시한 숫자만큼만 칠해보는 활동으로 대체해도 좋습니다.

10 그리기_난화

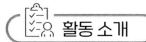 **활동 소개**

백지 위에 마음대로 선을 그은 후 형태를 찾아 색칠해보는 활동입니다.

* 난화기법(Scribble)은 Naumburg(1996)가 개발한 기법으로 그림을 그린 사람의 무의식 속에 잠자고 있다고 느껴지는 상상을 표출시키는 데 도움을 줄 수 있는 아동분석의 방법 또는 미술치료의 기법 중 하나임[1]

활동 방법

① 백지 위에 유아 마음대로 선을 그어보도록 합니다.

② 유아가 머뭇거리면 눈을 감고 그리도록 합니다.

③ 유아와 함께 난화 속에서 이미지나 형태를 찾아 색을 칠해봅니다.

④ 난화가 완성되면, 그림의 제목을 만들어보거나 느낌을 말해보도록 합니다.

 응용 활동

✓ 물풀과 물감을 섞어 컬러 물풀을 만들어 그리거나, 구슬에 다양한 색의 물감을 묻혀 굴리는 방식으로 그려볼 수도 있습니다.

✓ 전지나 상자 등을 활용하거나 소그룹 활동으로도 진행할 수 있습니다.

---

1) 어은경(2010), 난화기법이 초등1학년 아동의 시지각에 미치는 효과, 영남대학교 환경보건대학원.

11 따라 그리기_직선

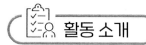 **활동 소개**

점으로 이어진 선을 색연필이나 연필 등 다양한 필기구를 사용하여 따라 그려보는 활동입니다.

활동 방법

① 먼저 점선을 따라 손가락이나 붓으로 선을 따라 그려 보도록 합니다.

② 선을 따라 손가락이나 붓을 이동하는 것이 익숙해지면 유아가 잡기 편한 색연필이나 크레파스를 사용하여 선을 따라 그리도록 합니다.

③ 유아가 필기구를 잘 쥐지 못하거나 선을 따라 그리지 못한다면 선생님이 유아의 손을 잡고 신체적 촉구를 제공하여 선을 그려보도록 도울 수 있습니다.

응용 활동

✔ 선 그리기 활동을 할 때 특정 색깔을 지정하여 그리도록 지시사항을 전달하여 색인지와 청각적 주의집중 요소를 향상시킬 수 있도록 도울 수 있습니다.

✔ 유아가 '옆, 위, 아래' 등의 방향을 알고 있는 경우라면, 선생님의 지시에 따라 특정 방향으로 선 그리기 활동을 해도 좋습니다.

12 따라 그리기_점과 점

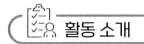 **활동 소개**

짧은 간격의 점과 점을 보조선 없이 유아가 직접 연결해서 선을 그려보는 활동입니다.

활동 방법

① 점과 점 사이에 선을 그려보는 활동에 익숙해지도록 활동지에 있는 점선을 따라 가로와 세로 방향으로 선을 그려보도록 합니다.

② 상대적으로 거리가 짧은 좌측 자료부터 먼저 활용한 후 우측 활동지를 사용하여 점과 점의 거리를 조금씩 늘려봅니다.

③ 이때, 좌우, 상하 등 선 그리기 방향은 크게 신경 쓰지 않으셔도 됩니다.

응용 활동

✓ 활동지 여백에 임의의 점을 찍어 추가 활동을 진행하셔도 좋습니다.

✓ 점 대신 캐릭터 그림이나 스티커 등을 이용하여 같은 모양의 그림이나 스티커 사이에 선을 그려보도록 할 수도 있습니다.

13 따라 그리기_선

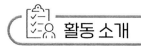 **활동 소개**

앞의 <따라 그리기_직선>과 유사한 활동으로 물결 모양으로 이루어진 점선을 따라 선을 따라 그려
보는 활동입니다.

활동 방법

① 먼저 점선을 따라 손가락이나 붓으로 선을 따라 그려보도록 합니다.

② 선을 따라 손가락이나 붓을 이동하는 것이 익숙해지면 유아가 잡기 편한 색연필이나 크레파스
를 사용하여 선을 따라 그려보도록 합니다.

③ 유아가 필기구를 잘 쥐지 못하거나 선을 따라 그리지 못한다면 선생님이 유아의 손을 잡고 신체적
촉구를 제공하여 선을 그려보도록 도울 수 있습니다.

응용 활동

✔ 물결 모양의 곡선의 기울기를 조절하여 궁극적으로는 동그라미 모양의 선 그리기의 예비 활동
으로 전개할 수 있습니다.

✔ 물결 모양을 보고 아래 여백에 똑같이 곡선을 따라 그려보는 활동을 진행해도 좋습니다.

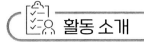

14   따라 그리기_그림

활동 소개

<따라 그리기_그림>은 동물이나 집처럼 유아에게 익숙한 대상을 점선을 따라 그려 완성해 보는 활동입니다.

활동 방법

① 선을 그려 그림을 완성해야 할 대상이 무엇인지 유아에게 물어본 후 그 대상의 특징이나 관련 정보 등을 물어봅니다.

② 유아 혼자서 선 따라 그리기 활동을 완성하게 하거나 가령, 코끼리의 코, 집의 창문 등 그림의 특정 위치를 지정하여 그림을 일정한 순서에 따라 완성하도록 합니다.

응용 활동

✓ 선 긋기 활동을 완성한 후 색칠 활동을 추가로 전개할 수 있습니다.

✓ 과제에 익숙해지면 점선 모양의 외곽선이 별도로 없는 그림이나 사진을 제공한 후 그 대상의 외곽선을 따라 선을 그려보도록 할 수 있습니다.

15 따라 그리기_빠진 곳

활동 소개

보기로 제시된 그림 중 일부가 제거된 그림을 나란히 제시한 후 그림이 지워진 곳을 찾아 그려 완성하는 활동입니다.

활동 방법

① 보기의 그림을 보고 대상의 이름이 무엇인지 물어본 후 유아에게 대상의 특징이나 쓰임에 대해 설명(말)해 보라고 합니다.

② 좌측 그림을 살펴보면서 사라진 부분이나 다른 부분을 찾아서 보기의 그림과 똑같은 모습이 될 수 있도록 그려보도록 합니다.

응용 활동

✓ 보기의 그림을 가리거나 제거하여 시각적 기억을 바탕으로 빠진 곳을 채워 그리게 하는 것도 좋습니다.

✓ 빠진 곳의 그림을 세모, 네모, 동그라미와 같이 비교적 단순한 모양에서 조금 더 복잡한 그림으로 수준을 올려서 진행할 수도 있습니다.

16 따라 그리기_모양

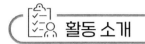 **활동 소개**

다양한 크기의 세모와 동그라미 그리고 네모가 겹쳐진 그림에서 세모와 동그라미 그리고 네모를 찾아 그려보는 활동입니다.
서로 다른 모양과 모양이 겹쳐지면서 작은 모양이 파생될 수 있는데 이 모양 역시 따라 그리기의 대상이 될 수 있습니다. 유아의 수준에 따라 달리 활동을 진행하셔도 좋습니다.

활동 방법

① 먼저 세모, 동그라미, 네모의 이름을 아는지 확인합니다. 유아가 모양의 이름을 모를 경우, 이름 대신 과제를 수행해야 할 대상을 손가락으로 가리켜 알려줍니다.

② 선생님이 제시한 모양을 찾아 선을 그리도록 합니다.
③ 지시를 잘 듣고 해당되는 모양을 그려보도록 합니다.

응용 활동

✓ 모양별로 선의 색깔을 정한 후 세모, 동그라미, 네모를 순차적으로 색깔에 맞게 그려보게 할 수 있습니다.
✓ 따라 그리기 활동이 완료된 후, 모양별로 색깔을 정한 후 색을 칠해보는 활동도 전개할 수 있습니다.

17 따라 그리기_겹쳐진 그림

활동 소개

선으로 이루어진 사물이 여러 개 겹쳐져 있는 그림에서 대상을 변별해가며 특정 대상의 외곽선을 따라 그려보는 활동입니다.

활동 방법

① 활동 전에 겹쳐진 그림이 모두 몇 개인지를 알려주거나, 찾아야 할 대상의 목록을 제시할지 여부는 유아의 역량이나 특성에 따라 선생님이 판단하여 진행하시면 됩니다.

② 활동지에서 대상을 알고 있는 그림을 찾아 선을 따라 그려보도록 합니다.
③ 유아가 놓친 그림이 있으면, 다시 한번 활동지 속 그림을 살펴보고 그림을 찾아 그릴 수 있도록 권유합니다.

응용 활동

✔ 활동을 마친 후 자신이 찾아서 그린 대상이 무엇인지 그림을 보지 않고 말해보는 활동을 전개할 수 있습니다.
✔ 찾아서 그려야 할 대상을 유아의 역량에 따라 2~3개 정도 알려주고 <순서대로 찾아 그리기> 활동을 총 두세 차례에 걸쳐 진행할 수도 있습니다.

공저자 약력

박소진
덕성여대 심리학 박사 수료
덕성여대 심리학과, 단국대학교 특수교육학대학원, 추계예술대학교 출강
육군교육사령부 자문위원
현) 한국인지행동심리학회 협동조합 대표(2012~)

[저서]
1. 비극은 그의 혀끝에서 시작됐다 2. 영화 속 심리학(1, 2) 3. 처음 시작하는 심리검사와 심리 평가 4. 당신이 알아야 할 인지행동치료의 모든 것 - 행복해지기 위한 기술 5. 나는 자발적 방콕주의를 선택했다 6. 영화로 이해하는 심리상담 7. 영화로 이해하는 아동청소년 심리상담 8. 인지행동치료 개론(공역) 9. 인지상담의 이해와 실제(공저) 10. 영화관에 간 심리학 11. MBTI와 스트레스 관리(공저, 출간 예정)

김익수
단국대학교 특수교육학과
서울대학교 특수교육전공 석·박사통합과정 박사수료
2003년 2월 특수학교(초등)2급 정교사 취득
2009년 ~ 2019년 2월 아동발달센터 근무
2018년 ~ 한국인지행동심리학회 협동조합 교육이사
2020년 7월 ~ 현재 ㈜나비소셜컴퍼니

[저서]
1.인지·행동치료 개론(공역) 2. 인지발달 및 학습향상을 위한 인지상담의 이해와 실제(공저) 3. MBTI와 스트레스 관리(공저, 출간 예정)

손금옥
중앙대학교 대학원 유아교육학과 박사
남서울대학교 아동복지학과 강사, 혜전대학교 언어재활과, 유아교육학과 강사 및 겸임교수
남서울대학교 부설 아동가족상담센터 상담연구원
현) 원광보건대학교 유아교육과 교수
현) 한국임상모래놀이치료학회 이사, 한국인지행동심리학회 협동조합 교육이사

[저서]
1. 유아동작교육 2. 영·유아 놀이지도의 이론과 실제 3. 아동상담의 이론과 실제(공저) 4. 보육학개론(공저) 5. 정신건강론(공저) 6. 교사-아동관계증진 프로그램이 예비교사의 공감 및 교육신념에 미치는 영향 7. 아동의 행동문제, 부모의 양육태도 및 양육스트레스에 미치는 놀이치료의 효과(공저) 8. 아버지의 공감능력 증진과 유아기 자녀의 행동문제 개선을 위한 부모놀이 치료의 효과(공저) 9. 아버지의 부모놀이치료 프로그램 참여효과(공저) 10. 놀이치료를 활용한 부모교육프로그램에 참여한 부모의 공감능력 및 자녀의 정서행동문제 의 변화과정분석(공저) 11. 유아교육 발전 방안 연구(공동연구)

한국인지행동심리학회 협동조합 소개
본 학회는 인지, 행동 심리학을 기반으로 관련 분야의 전문 인력을 교육하고 양성하며, '인지행동' 관련 상담 프로그램 개발 등을 전문으로 하는 기관으로 2014년도부터는 육군교육사령부의 용역 사업을 진행해왔으며, 최근 학회 대표인 박소진은 『영화 속 심리학』(1, 2)를 출간한 (2014~15) 이후로 영화 상담 관련 교육과 한국교원연수원에서 영상 콘텐츠 등 활발한 활동을 하고 있음.
홈페이지 www.kicb.kr/문의 kicbtp@naver.com/010-3925-4045

인지발달 및 학습향상을 위한 인지재활 Workbook 시리즈 - 시각적 주의력 향상편 1-1(전문가용)

초판발행	2023년 9월 1일
지은이	박소진 · 김익수 · 손금옥
펴낸이	노 현
편 집	김다혜
표지디자인	Ben Story
제 작	고철민 · 조영환
펴낸곳	㈜피와이메이트
	서울특별시 금천구 가산디지털2로 53, 210호(가산동, 한라시그마밸리)
	등록 2014. 2. 12. 제2018-000080호
전 화	02)733-6771
f a x	02)736-4818
e-mail	pys@pybook.co.kr
homepage	www.pybook.co.kr
ISBN	979-11-6519-426-0 93180

정 가   10,000원

박영스토리는 박영사와 함께하는 브랜드입니다.